AF502964

LETTRE

DE

M. DU T...

NEGOCIANT A PARIS,

A M. RISSCH,

NEGOCIANT A FRANCFORT,

Sur les Ouvrages & Bijoux d'or &
d'argent.

JE CONVIENS fans peine avec
vous, Monfieur, que l'Arrêt de
la Cour des Monnoies de Paris, du
2 Décembre 1755, pour les Ouvrages & Bijoux d'or & d'argent, eft
un monument refpectable de la vigilance de nos Magiftrats, de leur at-
tachement aux formes qui leur font

A

BIBLIOTHEQUE ROYALE

prescrites. Cet Arrêt étoit indispen-
sable pour empêcher que l'usage des
garnitures ne s'introduisît dans toutes les especes de Bijoux, à la faveur
du consentement tacite que sembloit
exiger le progrès continuel des Arts
dans une espece particuliere, depuis
vingt ans environ qu'elle existe. Les
Juges de forme sont des Juges de rigueur : mais MM. de la Cour des
Monnoies étoient trop éclairés pour
ne pas sentir que leur Arrêt, quoique nécessaire, alloit priver la France d'un commerce de plusieurs millions, & d'un nombre considérable
d'ouvriers habiles qui restent sans
emploi. Ils ont laissé, avec raison, à
la sagesse du Gouvernement, le soin
de modifier, suivant les besoins de
son peuple & de son industrie, les
regles établies en d'autres circons-
tances.

Voilà, Monsieur, ce qu'on a pensé à Paris de cet Arrêt. Il me paroît par votre Lettre, que vous avez peu cultivé cette branche de Commerce ; & je soupçonne que vous n'avez point à Francfort de Bijoutiers en Email qui ayent pû vous expliquer le méchanisme de ces Ouvrages. Je crois donc vous faire plaisir de traiter avec vous la question sous le point de vûe méchanique ; nous passerons ensuite aux vûes politiques ; & j'espere répondre d'une maniere satisfaisante aux reproches que vous semblez faire, soit à la bonne-foi, soit à l'avidité de nos Artistes.

Vous n'ignorez pas sans doute que c'est du degré de chaleur du feu que dépend la vivacité des couleurs de l'émail ; que l'accord du tableau, c'est-à-dire l'égalité parfaite entre toutes les faces d'une boîte, est une

des parties des plus importantes à
obferver ; que l'émail ne peut être
appliqué que fur l'or très-fin ; & que
l'or, à mefure qu'il eft plus fin, reçoit un poli moins parfait.

Ces principes pofés, je diftingue-
rai cinq claffes générales des taba-
tieres en émail.

1°. Les boîtes pleines en émail.

Etant compofées de deux pieces
feulement, favoir une pour le deffus, l'autre qui forme le fond & les
côtés, elles peuvent fe foûtenir par
elles-mêmes fans le fecours des garnitures. C'eft l'efpece d'émail qui
approche le moins d'une jufte imitation de la nature, par la difficulté
de le chauffer. Les foudures man-
quent fouvent dans les feux multipliés, que le Peintre donne à fon ouvrage ; les côtés ne viennent jamais
d'accord ; & fi l'on en veut retou-
cher une, quelqu'autre endroit qui

n'a pas befoin de feu s'y trouve expofé & fe gâte.

Le feul moyen de s'épargner des
rifques & du tems, c'eft de monter
les boîtes en cage; c'eft-à-dire qu'elles font compofées de plaques déta-
chées, qui s'affemblent lorfqu'elles
font en état, dans un chaffis ou fer-
tiffure d'or. Il n'y a point de foudure
qui gene l'Emailleur; les plaques fé-
parées font pofées à plat au four-
neau; l'émail eft plus égal. Les quatre efpeces de boîtes que je vais vous
décrire, font montées en cage.

2°. L'émail naturel tranfparent.
On perce à jour une plaque d'or à
vingt karats, de l'épaiffeur précife
que doit avoir l'émail. Cet émail doit
être fupporté par une feuille d'or à
vingt-trois karats, qui après avoir
été foudée, eft regravée pour re-
cevoir l'émail tranfparent.

Dans cette espece, la plaque qui soûtient l'émail ayant une épaisseur convenable, n'a besoin pour sa solidité que de la doublure ordinaire : mais comme il est impossible que cette doublure soit assez intimement unie à la plaque supérieure, pour ne laisser aucuns vuides, il est absolument essentiel à la sûreté du travail de les remplir avec du papier ou des cartes. L'Arrêt qui proscrit tout corps étranger non apparent en fait d'émaux, proscrit donc cette espece de boîtes. Elle est fort agréable à l'œil, en ce que l'or à 20 karats recevant un très-beau poli, joue à merveille avec le cartouche d'émail transparent.

3°. L'émail transparent peint en-dessous, a la couleur des pierres à doublet : il imite beaucoup mieux la nature, que l'émail même.

Les plaques font d'or à vingt-deux karats, percées à jour en deffein de fleurs. A la plaque d'or eft appliquée une feuille d'argent, eftampée du même deffein, fur laquelle on peint les fleurs.

Pour empêcher que la feuille d'argent qui foûtient l'émail ne fe fépare de l'or, on eft obligé d'employer le maftic. La garniture de nacre peut feule être employée à cette doublure; parce que fon union intime avec le maftic, l'attache étroitement à la plaque de deffus, au point que cet ouvrage, quoique fort leger, eft capable de foûtenir un poids confidérable, à-peu-près comme on voit une glace polie porter un millier pefant, fi elle eft couchée fur un marbre très-uni.

L'or au contraire fe détache du

maftic au moindre mouvement ; cet écartement produit de faux points d'appui, & l'émail fe brife.

Cet ouvrage doit donc néceffairement être garni pour être folide.

Vous apprendrez fûrement, Monfieur, avec plaifir un fait intéreffant à ce fujet ; il n'eft point inconnu aux fupérieurs.

Un Artifte, dont je tairai le nom par égard, s'étoit vanté de faire une pareille boîte fans corps étranger ; il ignoroit les élémens de l'Art : mais il s'adreffa à un habile ouvrier, auquel il fit part de fon engagement. L'impoffibilité de fa demande lui fut alléguée ; le maître Artifte infifta, & promit le double du prix ordinaire pour la façon. On voulut doubler la premiere plaque avec de l'or, fuivant l'engagement pris authentiquement ; mais en montant le deffus de la boîte, l'émail fe dérangea ; il fallut y fubftituer de la nacre. Jugez par ce récit très-exact, des rapports qui vous ont été faits.

Si jamais on vous préfentoit par hafard quelque boîte en émail tranfparent peint en-deffous, non garnie, je vais vous propofer une expérience fort fimple. Procurez-vous-en une garnie de la même grandeur, & toute montée ; chargez la moitié de chacune d'un poids de quatre à cinq livres ; vous connoîtrez bien-tôt laquelle eft la plus folide. Si l'Artifte, dont la boîte eft tout or, refufe de fe préter à l'expérience, il eft clair qu'il doute lui-même de la folidité de fon ouvrage ; & je vous promets d'après mes propres yeux, que dans le genre d'émail dont je parle, on vous laiffera réitérer l'effai tant qu'il vous plaira fur les boîtes garnies.

4°. L'émail peint en miniature, formant des tableaux.

Une plaque d'or fans foudure à vingt - deux karats, reçoit l'émail. Pour la foûtenir, il faut un corps étranger : car fi l'on employoit l'or, les pointes des clous paroîtroient & la doublure ne pourroit être polie ; il faudroit une feconde doublure qui augmenteroit de cinq onces le poids de la boîte, & fon prix de plus de 450 livres.

5°. L'émail verni.

C'eft une plaque d'or percée à jour. Le cartouche du milieu qui doit former le tableau, eft une plaque d'argent incruftée dans l'or. Ce cartouche gravé, on y applique le vernis : le blanc & le poli de l'argent operent un effet brillant, que l'or ne pourroit rendre. Ce vernis doit être féché à un four très-chaud ; dès-lors

la nacre ne peut être employée à l.
foûtenir. On fe fert de tole, que l'on
rive avec la plaque fupérieure. Si
l'or y étoit employé, le poids augmenteroit de cinq onces, & la valeur de plus de 450 livres.

Le prix modique de cette efpece
de bijou en procure un débit confidérable. Pour le rendre plus agréable ; dès que le vernis eft féché, on
incrufte après - coup des fleurs de
Burgos dans la plaque d'or.

Voilà les cinq claffes générales,
fous lefquelles on peut réduire les
boîtes en émaux. L'induftrie des Artiftes peut modifier à l'infini chacune
des quatre efpeces en cage : c'eft à
celles-là feules que les garnitures
font néceffaires & font employées.

Je n'ai parlé que des fuperficies
planes ; mais la forme ovale ou ron-
de oblige d'employer la tole ou le

cuivre en garniture, parce que la
nacre ne peut se ployer.

Les Ouvrages garnis en cage, in-
dépendamment d'une plus grande
vivacité de couleurs, ont cet avantage, que toute piece offensée se ré-
tablit aisément; ce qui ne peut se pra-
tiquer pour une boîte pleine, émail-
lée, puisqu'il faudroit l'exposer toute
entiere au feu. Depuis près de quinze
ans que ces sortes d'Ouvrages ont
sans cesse augmenté de débit en Europe, les Etrangers sont dans l'usage
de renvoyer raccommoder à Paris
ceux auxquels il survient quelque
accident : preuve évidente qu'ils
sont depuis long-tems instruits de ce
que c'est qu'une garniture ; qu'elles
leur ont toûjours été vendues comme corps étranger, & non comme
or, enfin que les garnitures sont de
leur goût.

Aux boîtes en cage, émaillées & garnies, on doit joindre plusieurs especes de boîtes revêtues de corps apparens, comme burgos, diamans, pierres. Toutes ces boîtes ont besoin d'un corps étranger pour les soûtenir ; car si la garniture étoit en or, le poids seroit trop considérable, & leur prix hausseroit. Voici la comparaison d'une garniture en or & d'une garniture en nacre sur une boîte d'homme quarrée, de 18 lignes de hauteur, de 3 pouces de longueur, & de 2 pouces 2 lignes de largeur.

	onc.	gr.	d.	f.
Le dessus en or pese	1	4	0	20
L'une des grandes battes		6	+	10
L'une des petites battes		4	—	3
Le dessous & les deux autres battes	2 2	6 6	1 1	9 9
Total de ce que pese une garniture en or	5	4	2	18

L'or à 87 l. 10 f. ce sont 468 l. 16 f. 4 den,

$$\frac{444}{576.}$$

Le deſſus en nacre peſe	2 gr.	—	7
Une des grandes battes	1	—	1
Une des petites battes		1	13
Les deſſous & les deux autres battes	3	1	23
	3	1	23
Total de ce que peſe une garniture en nacre	7	—	22

La différence du poids eſt donc de 4 onces 5 gr. 1 d. 20 ſ. & la différence du prix eſt de 468 liv.

Une boîte d'homme quarrée, garnie, peut peſer environ 5 onces; & cette même boîte non garnie, ou toute or, peſera environ 10 onces.

Telles ſont les raiſons de convenance pour l'Acheteur, la ſolidité, la legereté, & le meilleur marché.

Il ne s'agit plus, Monſieur, que d'examiner ſi ces motifs ont un attrait général & déciſif pour les Acheteurs; & ſi l'intérêt de la bonne-foi, ſupérieur à tous les autres, peut être

mis d'accord avec celui d'une Manufacture très-floriſſante.

Tous les Banquiers & les Com-
miſſionnaires de Paris ſont en état de
certifier que les boîtes émailleés leur
ſont demandées avec garniture. Depuis l'Arrêt il eſt venu envain des
ordres d'Italie, d'Allemagne, de Po-
logne, de Ruſſie ; & les Négocians
auxquels ees emplettes étoient con-
fiées, ont porté au Miniſtre des plaintes unanimes de l'interruption apportée dans ce commerce. Ce fait
eſt notoire dans notre Capitale. M.
Harbourg, Négociant de votre ville,
& qui fait un très-gros commerce
de ces boîtes garnies, en Allemagne,
aux Foires de Leypſic, eſt ici actuel-
lement, logé rue Bourg-l'Abbé, vis-
à-vis le Lion-d'argent. Si les prohibitions ſubſiſtoient, il ceſſeroit de
faire à Paris les deux voyages qu'il

y fait tous les ans pour ses emplettes. Les boîtes garnies, je vous le repete, sont un des principaux articles qu'il enleve : elles ne lui ont jamais été vendues que pour garnitures, il ne les a jamais revendues autrement en Allemagne ; & depuis nombre d'années il en a envoyé rétablir pour des particuliers, dont il n'a point eu de reproches.

Pensez-vous, Monsieur, que des Particuliers de tant d'endroits si différens, demandassent des Ouvrages garnis, sans motifs ; ou qu'on leur en refuse de pareils dans d'autres pays qu'en France ? Pensez-vous que les progrès surprenans de cette branche de Commerce depuis quinze ans, puissent avoir d'autre cause que le goût général de l'Acheteur pour la commodité & le bon marché ?

Vous connoissez peu sans doute, Monsieur,

Monſieur, les faux beſoins du luxe
dans l'heureux pays que vous habi-
tez : ſi j'avois à parler de ſon eſprit,
de ſon influence ſur les actions des
hommes, je ne pourrois trouver
d'objet de comparaiſon plus propre
à le peindre, que ces boîtes émaillées & garnies. Le même éclat qui a
ſéduit & ſollicité l'Acheteur, fait une
impreſſion égale ſur ceux qui voyent
un pareil Ouvrage entre ſes mains ;
il eſt payé de ſa dépenſe par la ſur-
priſe qu'excite le travail, par les élo-
ges qu'en reçoit ſon goût. La matiere
n'a aucune part à ce commerce de
vanité ; & jamais on n'a loüé une
tabatiere ſur ſon poids en or, que
pour jetter un ridicule ſur le goût
biſarre du propriétaire. Ce ſeroit un
air encore plus opulent, de porter
toûjours avec ſoi un contrat de 100
mille écus ; mais je ſuis perſuadé que

B

la nation des agréables trouveroit
dans ce genre de luxe un fond de
mefquinerie : il ne prendra point.

L'homme de luxe ne cherche qu'à
fe diftinguer & à paroître : prodigue
fans égards pour remplir fon objet,
il fe précipite fouvent vers les détails
de la plus mince économie dans l'in-
térieur de fon domeftique ; quelque-
fois même il ne balance pas entre fa
vanité & fes befoins réels, fi lui feul
eft le témoin du facrifice.

La fubfiftance de nos Artiftes n'eft
fondée que fur cette ambition de fe
diftinguer. L'homme peu riche veut
du bon marché, pour paroître auffi
délicat dans fes goûts, que fi la for-
tune l'avoit tiré de la claffe commune. L'homme opulent veut du bon
marché, pour multiplier les occa-
fions de fe diftinguer, & fe féparer
de cette foule de petits rivaux qui
l'environnent.

Une boîte de mille écus, garnie, coûtera 3468 liv. fans garniture; & 468 livres font plus précieufes, foit en épargne, foit en un autre meuble de luxe, à ceux qui recherchent ces fortes d'Ouvrages, que 468 liv. en matiere d'or, qu'ils ne retrouveront que dans dix ans. Ce calcul eft bien moins chimérique que celui où vous fuppofez que tout Acheteur d'une boîte de 4000 livres, y fuppofe pour 1000 liv. de matiere. Ne nous propoferez-vous point un reglement fur ce que chaque boîte contiendra d'or? En ce cas, je vous prie de fonger que la valeur de 1000 liv. d'or à 22 karats, répond à 9 ou 10 onces, fans compter le poids de l'émail, ou autre corps étranger.

Je ne m'arrête point fur la commodité d'un moindre poids, parce que chacun en eft juge. Tout le mon-

de fait combien 5 onces de plus font
incommodes à porter ; la legereté eft
un des principaux mérites de tous
ces petits meubles fi fort multipliés,
& dans cette occafion il ne s'agit pas
moins que d'un poids double, c'eft-
à-dire de 5 onces ou de 10.

Jugez à-préfent, Monfieur, fi vous
n'avez pas avancé un principe def-
tructif des Manufactures, en difant
que la gêne confiftoit uniquement à
régler la forme des Ouvrages, &
non pas à régler leur matiere. Si le
choix & la qualité de la matiere font
prefcrits d'une maniere qui contre-
dife le goût de l'Acheteur, n'eft-ce
pas gêner la forme, ou plûtôt n'eft-
ce pas anéantir l'Ouvrage ? En voici
un exemple frappant, & que vous
comprendrez mieux, étant plus ver-
fé probablement dans la Draperie
que dans la Bijouterie. Une maifon

dè Meſſine me demanda il y a quelques années quarante pieces de drap d'Elbeuf à 14 liv. 10 ſols l'aune, en conſéquence d'un eſſai que je lui avois envoyé précédemment pour mon compte. Dans l'intervalle, on crut devoir preſcrire la qualité des laines d'Eſpagne propres au drap d'Elbeuf, ce qui en porta le prix à 16 livres. L'Inſpecteur me refuſa une permiſſion particuliere, les quarante pieces furent fabriquées & achetées en Angleterre.

Ce que vous me mandez ſur le mécontentement où l'on eſt en Eſpagne de notre Bijouterie, m'a d'abord effrayé ; mais bientôt réfléchiſſant que la nouvelle nous en vient par Francfort, j'ai ſoupçonné avec fondement qu'on vous avoit fait un récit infidele. Voici, Monſieur, ce qu'on auroit dû vous dire. En Eſpa-

gne les Ouvrages de Bijouterie ordinaire ne plaisent point au commun,
s'ils n'ont l'œil jaune, & s'ils ne sont
d'un titre supérieur au nôtre, qui est
de 20 karats. Mais il n'est pas défendu en France de travailler à plus haut
titre ; & nos Artistes ne sont point
assez peu intelligens pour refuser de
servir aucune Nation dans le goût
qu'elle prescrit, lorsqu'ils le peuvent
faire en sûreté. La plus grande par-
tie de l'Europe préfere le beau poli,
le bon marché, & l'œil rouge, comme plus gai ; nos Artistes dès-lors
travaillent plus ordinairement sur ce
pié-là.

Je desirerois fort que vous eussiez
été bien informé sur le commerce
de Bijouterie des Anglois au Levant,
& que le nôtre eût pris totalement
la supériorité ; mais nous ne l'avons
acquise que dans le genre des Ou-

vrages extrêmement chers de Joyail-
lerie, de Bijouterie, & de Marque-
terie. J'ai connu pendant plufieurs
années un Commiffionnaire du dernier Sultan, qui vrai-femblablement
eft encore à Paris; il s'y étoit tranf-
porté exprès pour faire toutes les
commiffions du Serrail. Né dans le
pays, en connoiffant les goûts, il eût
profité de cette occafion pour fpécu-
ler fur les Ouvrages à la portée du
peuple, s'il y avoit entrevû un avantage. Je puis même vous affûrer,
avec toute l'Europe commerçante,
que les Levantins font de tous les
peuples les moins fenfibles aux mo-
des : prefque toute la Bijouterie qui
s'y débite, confifte en montres,
en pendules, & les Anglois la four-
niffent.

Je ne puis refifter aux preuves do
fait que vous alléguez, en me difant

que des personnes de votre connoif-
fance ont découvert la garniture de
leurs boîtes émaillées, avec autant
de surprife que de mécontentement ;
mais je ne puis que plaindre vos amis
du malheur particulier qu'ils ont eu
d'être trompés, & du peu de con-
noiffance qu'ils ont apportée dans
leur emplette : car un corps étranger
apparent devoit les avertir de ne
point acheter l'ouvrage au poids, &
le moindre connoiffeur en Bijoux fa-
voit depuis quinze ans que ces fortes
d'ouvrages fe déceloient feuls par
leur legereté. Une preuve même fans
replique de la bonne-foi de nos Artiftes, c'eft qu'ils ont choifi les corps
les plus legers pour garnir leurs ouvrages : fi l'avidité feule eût reglé
leur induftrie, n'auroient-ils pas choifi les corps étrangers les plus lourds ?
leurs doublûres ne feroient-elles pas
plus épaiffes ? Nous

Nous nous réunirons fur un principe, Monfieur, c'eft que toute fraude impénétrable à l'œil de l'Acheteur, doit être bannie : cherchons-
en feulement l'application dans la
queftion que nous agitons.

Je vous ai expofé les fages motifs
de la Cour des Monnoies ; elle a
craint que fon filence à l'égard des
Bijoux revêtus d'un corps étranger
apparent, ne fervît de prétexte aux
Artiftes mal-intentionnés, pour garnir des Ouvrages dont la fuperficie
ne porteroit aucun corps étranger
apparent. C'eft à ces Ouvrages com-
pofés entierement d'or à l'extérieur,
que s'applique juftement le principe
dans toute fon étendue & dans toute
fa rigueur. A l'égard des Ouvrages
revêtus d'un corps étranger apparent, & qui ne peuvent être vendus
au poids, il eft un jufte tempérament

à faifir ; l'Arrêt même de la Cour des Monnoies l'a indiqué avec beaucoup de fageffe au Gouvernement.

Les Magiftrats ont fatisfait à la Loi , en profcrivant un mélange qu'elle défend ; mais en même tems ils fe font contentés de faire appliquer un poinçon fur les boîtes garnies portant un corps étranger apparent , qui fe trouvoient faites : preuve certaine qu'ils les ont fuppofées du goût des Acheteurs jufqu'à ce jour ; & qu'ils ont été perfuadés que la réputation de notre Bijouterie ne fouffriroit point de la fortie de ces Ouvrages , dès qu'on les fauroit garnis.

En effet , fi la garniture dans une boîte revêtue d'un corps étranger apparent , étoit une fimple fraude ; fi cette garniture n'étoit commode & utile à l'Acheteur , on eût fuifi tous les Ouvrages de ce genre, ou du moins on eût forcé l'Artiste à démonter ces cages frauduleuses : on ne lui eût même pas accordé un espace de quinze jours, plus que suffisant pour en achever un très-grand nombre. Des boîtes garnies dont la surface eût été tout or, n'eussent affûrément point éprouvé le même traitement, & l'Artiste eût été puni exemplairement.

Si la fortie de ces Ouvrages pouvoit nuire à la réputation de notre Bijouterie, on n'eût point regardé comme un paffeport suffifant, un poinçon qui peut être contrefait, foit en France, foit dans l'Etranger.

Cette conduite mefurée & réfléchie de la Cour des Monnoies, femble donc avoir eu pour objet d'indiquer au Gouvernement l'unique moyen de maintenir en même tems la foi publique, & de protéger une Manufacture qui dès sa naissance apporte de si grands avantages.

Ce moyen simple & naturel consiste à déclarer que tout Ouvrage monté en cage, c'est-à-dire composé de plaques enfermées dans des sertissures d'or ou d'argent, & revêtu en même tems d'un corps étranger apparent, sera desormais censé en contenir un non-apparent, & ne pourra être vendu qu'à la main, & non au poids.

Nous avons deux sortes de titres pour l'or : les Ouvrages d'Orfévrerie doivent être à 22 karats : les Ouvrages de Bijouterie sont permis à 20 karats. Nous pouvons donc avoir des Bijoux dans lesquels la garniture sera permise, & d'autres dans lesquels elle sera prohibée.

Les uns & les autres porteront

leur marque diſtinctive, puiſque la garniture ſera cenſée jointe au corps étranger apparent, dans les boîtes montées en cage ; & que toute ſurface d'or ou boîte pleine ne pourra couvrir de corps étranger non-apparent.

Voilà la marque la plus ſûre qui puiſſe être appliquée à ces ſortes d'Ouvrages ; marque beaucoup plus diſtinctive pour toutes les Nations, que celle de la gravûre & des poinçons ; marque inaltérable enfin.

Cet expédient n'eſt pas moins conforme aux vûes de la police & de la politique, que celui dont on a uſé avec un ſuccès reconnu pour le commerce de la Joaillerie ; car ſoit que les Acheteurs y ſoient réputés plus habiles, ou les Artiſtes plus honnêtes gens, les Metteurs en œuvre ne ſont tenus d'indiquer les diamans doublés que par un *D*, & les diamans teints que par un *T*. Avons-nous jamais entendu dire que l'Etranger se soit dégoûté de nos Ouvrages de Joaillerie, parce que nous leur vendons des diamans teints ou doublés ?

Ici tous les inconvéniens possibles sont prévenus : ou bien les Etrangers veulent une garniture dans les Ouvrages montés en cage, déjà revêtus d'un corps étranger apparent ; & en ce cas il convient de ne pas laisser passer leur argent dans d'autres pays : ou bien quelques Particuliers voudront, contre l'usage, avoir ces sortes d'Ouvrages non-garnis, & ils seront servis à leur goût ; on leur donnera tel poids en or, & telle valeur intrinseque qu'ils le voudront.

Je vous entends déjà, Monsieur, former une objection. Les Artistes, me direz-vous, qui font dans l'usage de faire ces sortes d'Ouvrages entierement en or, quoique plus lourds & plus chers, trouvent des Acheteurs : quelle marque distinguera deformais ces boîtes entierement en or, de celles qui ne le font pas ? Ma réponse fera facile. Depuis quinze ans le Public est accoûtumé à trouver un corps étranger non-apparent dans les Ouvrages montés en cage, revêtus d'un corps étranger apparent ; l'Etranger, ainsi que le François en général, les demandent en ce genre : il n'y a donc d'exception que celle qu'y apporte le caprice de quelque Particulier qui veut une boîte plus chere & plus lourde. Il sera dans le cas de celui qui demanderoit une boîte d'or à 23 karats : il n'est point défendu de le satisfaire, mais un goût particulier doit-il géner un

goût général ? Disons plus, une boîte tout .. porte sa marque distincti-
ve avec elle. Personne n'ignore qu'-
entre deux volumes égaux de cuivre
& d'or, la différence du poids est en
raison de 4 à 9. Quel que soit l'art
d'un faux monnoyeur, il est toûjours décelé par le poids. Un louis
d'or véritable pese 2 gros 9 grains environ ; un louis d'or faux le mieux
monnoyé ne pesera qu'un gros &
quelques grains, suivant la nature
de l'alliage. Chacun connoît cette
différence, qui résulte de celle des
gravités spécifiques dans les métaux.
Doute-t-on d'une piece de monnoie,
on la pese. J'ai déjà répeté plus d'une
fois que sur deux boîtes de pareille
grandeur, dont l'une sera tout or &
l'autre garnie, la différence de poids
est de 5 onces : chacun peut, en entrant chez un Bijoutier, s'assûrer de

la même expérience. Les boîtes tout
or portent donc avec elles un carac-
tere diftinctif. Cependant, j'y con-
fens, épuifons tous les expédiens en
faveur de la facilité du travail & de
la foi publique. Que fur la fermeture
des boîtes, & fur le lieu le plus apparent des Ouvrages montés en cage, revêtus d'un corps étranger
apparent, & qui en contiendront un
non - apparent, on grave ce mot,
garni ; que le poinçon de décharge
foit appliqué dans la lettre *G.* Cette
précaution peut être furabondante ;
mais elle eft utile, fi elle prouve aux
Etrangers notre extrème délicateffe
dans le Commerce. Je n'ignore pas
qu'on a prétendu que cette gravûre
fe pouvoit effacer, qu'on pouvoit à
cette bande en fubftituer une autre :
je l'ai crû moi-même, parce qu'on
me l'affûroit ; mais jai conféré avec

des Artiftes qui ne font aucun des Ouvrages en queftion, avec des gens qui gravent & qui manient continuellement l'or & l'argent : ils m'ont affûré unanimement qu'il étoit impoffible de lever ce mot, *garni*, pour y fubftituer un autre morceau, fans que la trace en fût vifible par un enfant même. Ces perfonnes ont été jufqu'à vouloir que j'accufaffe mes Auteurs ou d'ignorance ou de peu de bonne-foi. Il faudroit, me difoient-elles, s'expofer ou bien à endommager un travail très-cher & très-délicat, ou bien à donner à un Ouvrage neuf, l'air d'un Ouvrage ancien & retouché ; car enfin cette piece fubftituée ne fauroit fe foûtenir que par une foudure ou par des clous rivés.

La furprife de l'Etranger ne pouvoit confifter que dans le doute, &

il est levé ; ou bien dans l'ignorance
de ses Commissionnaires en France ,
& tous connoîtront ce nouveau ré-
glement , comme ils connoissent celui des diamans teints ou doublés ,
ou celui des divers titres auxquels
on travaille dans l'Orfévrerie.

Car ce seroit une pure déclama-
tion de prétendre que nos Ouvrages
de Bijouterie occasionneront à cinq
cent lieues du Royaume, une fraude que la Police de Paris doit préve-
nir. Ne voyons-nous pas chaque jour
des montres de Geneve porter le
nom des plus fameux Horlogers de
Paris ? ces habiles Artistes en ont-ils
perdu quelque chose de leur réputation ? L'Horlogerie de France n'est-
elle pas reconnue pour la meilleure
de l'Europe ? Pouvons-nous empêcher qu'on ne grave dans l'Etranger
sur une boîte de mauvais or, le nom

de nos plus célebres Bijoutiers ? l'empreinte sacrée de la Monnoie n'est-elle pas trop souvent contrefaite ?

Si vous n'étiez, Monsieur, d'un Pays neutre dans les affaires qui agitent l'Europe, j'aurois soupçonné votre politique d'être intéressée à la chûte de nos Arts & à la fuite de nos Ouvriers ; mais vous reclamez un principe trop honnête & trop précieux à ma Nation, pour me défier de votre zele. Oui, Monsieur, toute fraude qui ne peut être apperçûe, doit être bannie ; toute Manufacture dont la surprise seroit l'appui, doit être immolée à la foi publique : voilà les principes du Gouvernement en France. Mais il fait en même tems évaluer les termes de fraude & de surprise : il fait principalement que les lois fondées sur des principes mal combinés & mal compris, font des pieges tendus à l'humanité, & peuvent étendre le nom de crime à des actions utiles à la société ; son influence a même déjà corrigé l'abus de certains mots odieux que l'ignorance ou la légereté prodiguoient indifféremment à tout homme qui gagne ou qui subfifte par le travail des Arts : mais vous êtes Etranger, Monfieur, & je ne vous faits point un crime de l'ufage que vous en avez fait.

Lorfque la fageffe du Miniftere aura reconnu qu'il eft une efpece de Bijoux dont la vente ne fe feroit pas fans garniture, il n'héfitera plus à diftinguer ce genre d'Ouvrage des autres, à lui prefcrire les regles qui lui font particulieres. Vous comprendrez alors par les effets & par les yeux d'une lumiere fupérieure, que ces garnitures n'étoient point l'é-

change clandeſtin d'un métal groſ-
ſier contre de l'or pur ; qu'il n'y a
pas plus de ſupercherie à faire une
boîte legere, & à meilleur marché de
4 à 500 livres, qu'à fabriquer une
compoſition de rubis aſſez parfaite
pour ſupporter un entourage de diamans véritables.

Dans ce genre, par exemple, l'art
du ſieur Dupré a vaincu pour ainſi
dire la nature ; & ſes pierres brillent
même dans les diverſes Cours avec
autant d'éclat que celles de l'Orient.
S'il habitoit Francfort, vous feriez
ſans doute vos efforts, Monſieur,
pour faire proſcrire de votre Ville
cet Art ſéducteur porté à un tel degré, que les Jouailliers de Paris font
imiter par cet Artiſte leurs pierres de
conſéquence, & conviennent du
prix avec leurs Correſpondans ſur
cette fidele imitation qui ſaiſit toutes

les nuances. Ici nous regardons cette Manufacture comme une branche de Commerce utile , & comme un moyen d'annoncer à l'Etranger les pierreries qui font à vendre dans notre capitale , fans les expofer aux frais & aux rifques du tranfport. Il faut connoître les propriétés, l'étendue, & le méchanifme d'un Art pour en juger fainement : les lieux communs fur la bonne-foi , captivent toûjours l'oreille & la multitude ; mais un fait, une définition fimple, une courte explication des circonftances, diffipent le preftige ; les faux géans ne font plus que des nains aux regards de ceux qui favent fe fervir de leurs yeux & de leur raifon.

L'art des Ouvrages montés en cage, revêtus d'un corps étranger apparent , n'eût point éprouvé fans doute de contradictions, s'il eût été

confidéré fous les diverfes faces ; &
vraiffemblablement il fera protégé
par le gouvernement. Une Manufacture très-riche reprendra fon cours ;
nos ouvriers defefpérés n'iront porter ailleurs ni leur talent, ni leur
confommation. Nous fommes perfuadés en France que tout homme
vivant par le travail, fe fixe dans le
lieu où il en trouve ; & dût l'incon-
ftance de nos ouvriers les ramener
dans leur vieilleffe habiter nos hôpi-
taux, nous fommes perfuadés qu'ils
nous auroient privés pendant leur
abfence de toutes les valeurs pro-
duites par leur induftrie dans l'Etranger ; nous croyons que fi la mifere
ou la contrainte ne les eût chaffés de
leur pays, ils auroient vrai-femblablement contribué à fa population.
Debuir faifoit du coulé fur écaille :
on fit peu de cas de fon art ; & à pei,

ne

ne fut-il paſſé en Angleterre, que la mode nous fit payer ſes plaques juſqu'à 50 louis. La perte d'un ſeul habile Artiſte peut couter des millions à l'Etat.

Voilà la politique du commun des hommes en France ; & je ſuis d'autant plus étonné, Monſieur, de vous voir parler avec indifférence de ces colonies d'Artiſtes françois qui vont enrichir les Etrangers, que vous êtes entouré de Villes où les Réfugiés françois ont porté le travail, l'abondance, & nos regrets.

Encore une réflexion importante ſur ces tranſmigrations. Jamais un ouvrier ne quitte ſon pays, à raiſon d'une gêne introduite mal-à-propos dans ſon Art, qu'il ne ſoit aſſûré d'exercer ailleurs cet Art prohibé. S'il trouve à l'exercer, on veut donc bien vendre ailleurs ce que nous ne voulons pas vendre ici ; ou pour mieux dire, nous aurons consenti en pareil cas à acheter de l'étranger ce que nous aurons refusé de lui vendre. Faites attention que toutes les Nations policées n'ont qu'une seule morale ; que les Lois relatives à la sûreté publique, font toutes émanées du même principe : dès-lors ce qui est réellement un vice dans un pays, est criminel & proscrit dans tous les autres. Il n'y a de différence dans la police des états de l'Europe, que celle qu'y mettent les vûes ou la vigilance de ceux qui gouvernent. Il paroît souvent plus commode à l'ignorance ou à la paresse de prohiber, que d'entrer dans les détails pour apprendre à modifier à-propos les prohibitions : comme un lâche emporté par la vengeance, croit toûjours que le plus sûr est de se défaire de son ennemi.

Vos maximes, Monsieur, sur la population, sur le commerce, & sur la bonne-foi des Artistes, n'ont que trop long-tems privé la France de ses ressources. Le prestige est dissipé : vous arrivez trop tard. En seriez-vous fâché, vous aurions-nous enlevé quelque branche de votre commerce utile ? Mais non, je ne puis croire qu'aucune espece d'intérêt ait emporté votre raison jusqu'à nous donner des conseils ruineux. Vous aurez été la dupe d'un mot sacré mal appliqué dans cette occasion ; comme on peut l'être de cet extérieur d'une probité dure dans un mal-honnête homme.

J'espere que ma Lettre vous ramenera à une distinction raisonnable entre ce qui appartient à l'économie de l'Artiste, à ce coup-d'œil du génie qui fait lire dans les secrets de la va-

nité, qui prévient ses caprices, &
entre ce qui appartient à la fraude,
à la supercherie, à la mauvaise foi.
En prenant le parti de notre Bijouterie, Monsieur, je soûtiens celui de
la Nation même, qui ne peut être
offensée impunément dans une branche aussi délicate de son commerce.
N'auriez-vous pas lû quelques-uns
de nos Reglemens ? Je souhaiterois
fort pour l'honneur de mon pays,
que ce gros recueil n'eût jamais été
publié : sa lecture inspire une défian-
ce de l'Artiste françois, qui rappelle
sans cesse l'idée de la filouterie des
Chinois. Mais le croiriez-vous, Monsieur ? plusieurs de ces Requêtes par
lesquelles on suppose que des Fabriquans & des Manufacturiers sem-
blent dénoncer leurs propres délits
pour éviter un supplice, sont des
Requêtes qui n'ont jamais été con-
nues ni lûes par les Parties intéres-

tées, ou contre lesquelles elles ont reclamé depuis : en voici la raison. Depuis long-tems nous avons des Inspecteurs des Manufactures ; mais ce bel établissement n'a été utile que depuis qu'il a été conduit par des vûes supérieures, & la date est récente. Auparavant l'intrigue, où la faveur faisoit éclore un Inspecteur, à-peu-près comme le hasard distribue les primes d'une loterie : on vouloit paroître travailler ; & avant que d'avoir appris l'Art, on se hâtoit, pour mériter des gratifications, d'entasser mémoires sur mémoires. Leurs auteurs dénués de toute connoissance de commerce, de toute idée de méchanisme, & à plus forte raison de vûes, songeoient bien moins à la perfection de l'Art, qu'à saisir ce prétexte frivole pour proposer des innovations toûjours lucratives pour eux. Il falloit des motifs ; alors on peignoit les Ouvriers & les Fabriquans comme des hommes occupés à tromper le public. On ofoit faire parler des gens qui fouvent n'avoient pas été entendus, gens même peu capables d'expofer leurs raifons ; ou bien on leur ordonnoit d'avoit tel ou tel avis. Les Supérieurs furpris par des rapports que perfonne ne pouvoit contredire, approuvoient les idées de l'Infpecteur ; & celui-ci, la force à la main, les faifoit exécuter. Un Miniftre trompé s'applaudiffoit des fecours donnés à l'induftrie, dans l'inftant même où il condamnoit à la mifere & dépeuploit une Province. Je ne vous citerai point de preuves équivoques fur ce que j'avance, Monfieur ; confrontez les Reglemens fur une même matiere, vous reconnoîtrez aux contradictions les changemens des Infpecteurs,

J'ai deviné la source où vous avez puisé vos principes sur nos Manufactures; & l'honnneur de la Nation m'a arraché cette anecdote malheureuse. C'est le seul monument qui existe contre la bonne-foi des François dans le Commerce. Toute l'Europe sait combien nous sommes courans & fideles; & toute l'Europe par bonheur n'a pas consulté nos Reglemens pour acheter nos denrées.

Les reproches d'avidité & d'amour excessif pour le gain que vous faites à nos Artistes, ne sont pas mieux fondés. Examinons-nous bien sérieusement, Monsieur: vous & moi, que faisons-nous dans notre état; sinon de chercher à gagner ? L'argent est la récompense de notre profession, comme les honneurs sont la récompense des professions distinguées: heureux même les états où les hon-

neurs dénués de richesses, conser-
vent encore leur avantage sur l'argent ! eux seuls fourniront une liste
nombreuse de citoyens , de sujets
vraiment attachés au Prince., aux
Lois, à la Patrie ! Mais enfin cet argent gagné par l'industrie lui peut-
il être reproché ? Si l'Etat favorise
les gains exorbitans, en favorisant
le monopole de quelques particuliers, c'est à lui que vous devez adres-
fer vos plaintes. Par-tout où la con-
currence n'est point restrainte, est-il
honnête de reprocher à l'homme in-
dustrieux l'impôt volontaire que lui
paye notre caprice ou notre curio-
sité. Je ne dirai pas qu'il fût impossible de mettre nos Artistes en état de
faire meilleur marché de leurs Ouvrages aux Etrangers ; & pour vous
convaincre de ma candeur, j'entre-
rai avec vous dans quelques legers
détails

détails fur ce qui regarde la Bijouterie.

Cette profeſſion étant une des plus
délicates, doit être ſurveillée avec
un ſoin particulier ; ainſi quoiqu'il
fût poſſible d'apporter aux viſites des
atteliers & à l'inſpection des Ouvrages des tempéramens plus doux,
c'eſt un inconvénient attaché à la
nature de la choſe, qu'une grande
perte de tems. Il eſt encore moins facile de réparer celle qu'occaſionne
le détail infini d'un ſemblable commerce. Vous conviendrez que tous
ces momens perdus doivent être
payés par ceux qui reſtent au travail.

Les procès qu'engendrent ſans
ceſſe les viſites des Commis du Fermier de la marque d'or & d'argent,
ſans égard aux circonſtances, ſur
de ſimples doutes, même ſur des ini-
mitiés perſonnelles, conſument en-

E

core & le tems & l'argent des Artiſtes; lors même qu'ils gagnent leur procès, ils ont été forcés d'abandonner leur attelier pour ſolliciter une audience, de payer un Avocat. Jamais nous n'avons vû un Commis puni pour avoir intenté un mauvais procès; & l'Artiſte l'eſt toûjours avec rigueur, ſi ſa cauſe n'eſt pas bonne. Le Commis procede donc à coup ſûr, les accommodemens même lui ſont lucratifs.

Les Fermiers ont ſi bien ſenti l'avantage des procès, qu'en imaginant un moyen très-naturel de les multiplier, ils ont creuſé une mine fort riche pour eux. Chaque ouvrage d'Orfévrerie ou de Bijouterie eſt ſoûmis à un poinçon qu'on appelle de décharge : c'eſt une eſpece de quittance du droit, appliqué au bijou. A chaque renouvellement de bail, le nouveau Fermier imagine à son gré l'empreinte de son poinçon: l'usage est qu'il envoye chez tous les Artistes marquer gratuitement de son nouveau poinçon, les Ouvrages invendus qui portent le poinçon de son prédécesseur.

Tous les Ouvrages anciens qui entrent ensuite dans les magasins des Orfevres ou Bijoutiers, doivent être inscrits s'ils appartiennent à des particuliers , & qu'ils n'y soient que pour être retouchés ou raccommodés ; & s'ils appartiennent à l'Orfevre ou Bijoutier, ils payent un nouveau droit de poinçon.

Pour rendre les contraventions plus communes, un Fermier a soin de choisir pour son nouveau poinçon une empreinte fort approchante de celle du Fermier précédent. A la faveur de cette empreinte équivoque, les Commis, armés de loupes, de microscopes, viennent chicanner l'Artiste, dresser procès-verbal de fraude, conclure à la saisie, &c. Un accommodement même coûte au moins deux louis. Le croiriez-vous, Monsieur, si ce n'étoit un fait notoire?

Le Ministere touché du trouble que cette inquisition apportoit aux Arts, confia lors du dernier bail qui expire à-présent, cette administration aux Gardes mêmes de la Maison commune des Orfevres. Le travail a été un peu plus tranquille : mais que l'esprit de Communauté est encore loin de l'esprit de Commerce ! Le Fermier précédent avoit pour empreinte une tête de saumon, dont la hure alongée présente plûtôt, même à la loupe, l'idée d'un bec d'oiseau, que d'une tête de saumon. Les Gardes ont choisi

une tête de poule: je ne les foupçonne
point affûrément d'avoir voulu ten-
dre un piege à leurs confreres ; mais
ne devoient-ils pas plûtôt donner l'e-
xemple aux Fermiers futurs, & même folliciter un Reglement qui pref-
crivît de n'admettre jamais dans
l'empreinte de ces poinçons aucune
figure qui eût un rapport même con-
fus de reffemblance, avec celle qui
fervoit aux poinçons précédens ? Il
eft conftant que fous leur adminif-
tration, il y a eu des procès à ce fujet, qu'il y a eu des méprifes de très-
bonne foi, qui n'auroient point eu
lieu, fi la figure n'eût eu aucune efpece de rapport avec la précédente.
Ce n'eft pas, comme je l'ai déjà ob-
fervé, que l'efprit deftructeur de tout
ce qui s'appelle communauté, ne foit
capable de combinaifons onéreufes
à l'induftrie. En voici une qui pour

être fort simple, n'est pas moins bien imaginée.

Le poinçon de la Maison commune répond du titre des Ouvrages : les matieres y sont essayées avec beaucoup d'ordre, de soins, & de précision : quoiqu'il fût encore plus sûr pour le Public & les Artistes, que la Communauté eût un Essayeur habile, permanent ; au lieu que les Gardes changent, & sont très-rarement au fait, en y entrant, de la Docimasie. Il est juste que ces mêmes matieres payent la dépense des essais, des instrumens, enfin le tems que les Gardes consomment, loin de leurs affaires, au service public. La loi leur accorde 18 grains par sac des matieres d'or, quelle que soit la quantité des matieres contenues dans le sac, que l'on apporte à l'essai ; si les propriétaires n'aiment mieux payer

40 fous; & en ce cas le bouton d'effai leur doit être rendu. L'ufage eft
de le laiffer à la Maifon commune,
quoique la valeur excede celle de 40
fous: mais l'inimitié des Gardes eft
toûjours ruineufe aux particuliers
rebelles à leurs Reglemens; ce font
eux qui repartiffent la capitation &
l'induftrie. Jufqu'à ce point la mal-
tote n'eft pas confidérable: mais la
docilité & la fujétion des membres
de la Communauté à fes Gardes, a
pouffé plus loin leurs prétentions.
De leur pleine autorité ils fe font ar-
rogé un demi-gros par marc d'or porté à l'effai: ce demi-gros vaut fur le
pié du commerce en or fin, 6 livres
5 fous, & en or à 20 karats, il vaut
environ 5 livres 5 fous fur le pié du
commerce. Voilà une véritable im-
pofition fur les Arts, qui renchérit
une boîte du poids de 6 onces de 3 l.
18 f. 9 d.

Si c'eft à raifon des divers effais qu'il convient de faire, le prétexte eft frivole : car 6 grains peuvent fournir la matiere d'un effai, & les 18 grains en procureront trois. Ils font d'ailleurs les maîtres de faire tous les effais qu'ils jugent à-propos, en rendant les boutons.

Si c'eft à raifon des matieres de divers titres qui font portées, le détour n'en fera pas moins odieux. Car 1°. les Gardes eux-mêmes ont follicité & obtenu un Arrêt, par lequel il eft défendu, fous les peines les plus féveres, de porter divers ors dans un même fac ; de maniere que fi l'on porte à l'effai de l'or à 22 karats & à 20 karats, ils doivent être chacun dans une enveloppe féparée. 2°. Quand même un particulier voudroit courir le rifque d'une faifie en mêlant les ors, le moins connoiffeur

des

des hommes diſtinguera à l'œil l'or de 20 karats allié ſur le rouge, de l'or à 22 karats allié ſur le blanc.

Voilà, Monſieur, quelques-uns des abus qui contribuent à renchérir les Ouvrages de nos Artiſtes. Je ne compte point la chereté des réceptions, la limitation des maîtriſes, la perception du droit de contrôle ſur ce qui ſort du Royaume, comme ſur ce qui s'y achete : tous ces objets ſont d'autant plus importans, qu'il faut nous réſoudre à nous borner à la préférence ſur le cher & le fini ; car les Etrangers employant l'or à 18 karats, peuvent fabriquer les menus ouvrages communs à meilleur marché que nous.

J'y pourrois ajoûter les tracaſſeries, les jalouſies de Communauté, les brigues & les cabales pour parvenir aux places de Gardes qui ſont

fort lucratives : ces abus font attachés à l'efprit de Communauté en
général ; & toute place de Garde,
depuis les Bonnetiers jufqu'aux Orfevres, eft d'un très-gros produit à
Paris. Il femble qu'on doit moins en-
vier ce profit aux derniers ; on peut
même le confidérer comme une com-
penfation de leur grande affiduité,
du détail confidérable de leur pofte,
Mais le Public ne peut s'empêcher de
defirer que les fix places de Gardes
foient toûjours remplies par deux
Orfevres , deux Bijoutiers , deux
Metteurs-en-Œuvre ; afin que toutes les branches de Commerce reçoi-
vent une égale protection. La Bijouterie employe plus de matiere d'or,
que les deux autres Arts enfemble ;
elle n'a cependant qu'un feul Garde , & depuis peu de tems par un
ordre fupérieur : quoique la matiere

foit la même, les connoiffances fur
l'une des trois Profeffions ne don-
nent ni le droit ni la faculté de déci-
der fur les deux autres. Puifque ce
pofte honorable par fa confiance eft
utile dans fon exercice, ne devroit-
il pas être deftiné autrement que par
des arrangemens particuliers? Ne fe-
roit-il pas dû par préférence aux Artiftes célebres, qui réuniffant la fidé-
lité & l'invention, ont mérité le nom
glorieux de Citoyens utiles ? L'honneur du choix ne réjailliroit-il pas fur
chaque membre en particulier ?

Je fuis, &c.

www.ingramcontent.com/pod-product-compliance
Ingram Content Group UK Ltd.
Pitfield, Milton Keynes, MK11 3LW, UK
UKHW021013220726
13924UKWH00002B/954

9 782019 706913